LE SABLIER D'OR

Lydia Montigny

LE SABLIER D'OR

Ou le Temps Universel

Entre le sable d'Hier et celui de Demain...

© 2017, Lydia Montigny

Editeur : BoD-Books on Demand
12/14 rond-point des Champs Elysées
75008 Paris – France
Impression : BoD-Books on Demand
Norderstedt – Allemagne
ISBN : 978-2-322-10086-6

Dépôt légal : Novembre 2017

A cet Hier disparu
Et qu'on ne reverra plus,
A ce Demain espérer
Qu'on a déjà rêvé,
Je dédie cet instant
Minuscule Présent…

... DEDICACE...

Je l'écris, puis l'efface...
Réflexion sur l'interface
Des mots que je place,
Puis se glacent et se cassent...
Un soupir les ramasse
En gommant toute trace
Qui menait à l'impasse...
Je l'écris, puis efface
En regardant en face
Ce vide blanc qui passe...
Ô néant qui agace,
Ton silence efficace
Fait l'écho d'un palace...
Je t'écris en préface
Préférant cette place,
Je t'écris cette dédicace
Mais jamais ne l'efface...

… CROIRE EN DEMAIN…

Hier, c'était hier
Demain n'est pas bien loin…
Je l'imagine fier
Le cœur au creux du poing,
La tendresse du regard
Cherchant dans le hasard
La lueur de l'amour,
La parole d'un jour…
Hier, c'était écrit,
Mais demain… se vit…

VIVALDI

Le jour s'est levé
Le printemps a baillé
Puis s'est longuement étiré,
A secoué ses feuilles fripées…
Quelques fleurs ont déployé
Les atouts chiffonnés,
Le ciel a bourdonné,
Les abeilles ont butiné
Du printemps à l'été
Sans s'en soucier !...
Très vite l'été a charmé
Les dentelles brodées
Et, gourmand, il a dévoré
Les fruits rouges et sucrés…
Alors le soleil a baissé
Comme un store mal fermé
Laissant doucement filtrer
Les rayons orangés
Entre les feuilles mordorées
D'un automne coloré :
L'été indien, pour les initiés…

…/…

…/…

Les saisons ont glissé
L'hiver est arrivé
La blancheur bleutée
De la neige s'est posée
Tout en haut des sommets
Et parfois dans les vallées…
Le jour va décliner
Le ciel s'illuminer
De guirlandes et d'étoiles colorées…
Le Père Noël cette année
Chantonnera au long de sa tournée
… «Les quatre saisons » !...

L'automne arrive déjà sur la nature
L'illuminant de sa plus belle parure
Tout se fait mousse et humus
Le soleil se presse un peu plus
Sa tiédeur écourte son heure
L'automne aime ses feuilles… tel un lecteur !...

PAGAILLE

La foule court, et se presse
Se crispe, et tant se stresse...
L'inquiétude tenaille
Les nerfs se lisent en braille...
Quelle est cette bataille ?
L'impatience se raille
Du temps qui là, déraille !
Le désordre s'encanaille
Et fait fi d'une pagaille
De gigantesque taille !...
Et voilà que je baille
Le temps fait une entaille
Dans la haute muraille
Qui s'éboule et s'écaille...
Que les soucis s'en aillent
Au revers des médailles !
La bonne humeur m'assaille
Dans cette belle pagaille !...

La feuille du livre glisse

et son exquise esquisse s'élide…

… Totale éclipse ?...

C'est juste une feuille de lune

qui s'effeuille en prose…

Où va le vent
Qui emmêle en chahutant
Les boucles de cheveux
Des enfants dans leurs jeux … ?

Du grand moulin blanc
Les pales, il brasse
Et tourne sans fin
Comme tourne une valse…

Où va le vent
Sage ou troublant
Froid ou brûlant
Suave ou mordant ?

J'ai jeté dans le vent
Mon corps et mon cœur
Et dans tes bras bien fort
Attrape-moi en riant !...

Ne change rien…
Le temps est ce bohémien
A qui tu donnes la main
Tout au long du chemin…
Qu'importe le dessein
Dans le ciel clandestin
D'un astre aussi divin…
Ne change rien
Le temps parle si bien
Dis-moi… où est demain ?...

LES LARMES DE CENDRE

Plus de bruit...
Plus de vie...
Tout est gris
C'était l'incendie...

Le ciel était joyeux
Le soleil dans son bleu
La nature chantait
La douceur de l'été... était...

Une étincelle puis une flamme,
Sous le Mistral, c'est le drame...
Brasier violent
Volant les vies
Et le feu crie
Tourne, rampe, s'enfouit
Puis explose dans la nuit
Embrasant en passant
Chaque once sans répit
En volutes noires...
Enfer et désespoir...

Apocalypse ou feu ?
Le silence brûle nos yeux
Dans un combat à coup de lance
Ou de Canadair... bonne chance...
Coulent les larmes de cendre
Et la vie plus forte, va reprendre...

A Cris… mon « Grochien »…

Tous les jours, nous empruntions ces chemins-là, et parfois d'autres au fil des saisons…

Tôt le matin dans l'été frais, dans la rosée tu courais, te roulais, t'ébrouais, ou bien plus tard sous le soleil chaud, nous nous pressions pour arriver à la cascade, à la rivière, tu jouais dans sa lumière…

Nous avons vu aussi les orages, de belles chavannes, des ruisseaux de boue, et tu y cherchais des trésors improbables, puis, la tête barbouillée, tu m'adressais un regard étonné pour un rire volé parce que j'étais trempée !

Nous avons joué dans la neige poudreuse, et si blanche, silencieuse et espiègle : tu y faisais des sauts, tunnels et roulades, (tu savais même confectionner d'énormes boules !), et laissais l'empreinte de tes grosses pattes…

Et puis voilà. J'ai dû cesser de t'accompagner, le temps de reprendre des forces… Un peu plus tard, de nouveau, nous avons pu nous balader, mais juste pour quelques pas ; alors tu m'as attendu, et puis un jour, quand épuisée, t'ayant rattaché, je voulais faire demi-tour, tu as refusé mon échec, et tu as regardé le haut de la colline…

…/…

…/…

 Alors tu m'as tiré tout doucement, tout doucement… encore un pas, puis un autre, tu m'as tiré jusqu'en haut, te retournant parfois pour voir si tout allait bien… Et nous sommes arrivés tout en haut… Tu t'es assis, très fier, et je me suis baissée près de toi, ai mis mes bras autour de ton cou, essoufflée mais tellement heureuse ! Tu avais tout compris !…

Le lendemain et les autres jours, nous avons repris ce même chemin, et demain matin, nous le reprendrons encore, mais en prenant soin de faire des pauses, car aujourd'hui, c'est toi, mon bon gros chien qui est fatigué…

A demain…

Tout est question d'équilibre

entre l'instinct et la vie...

A nous de trouver la réponse

au fil du temps...

Oublier

Le Fini du Passé

Et l'Indéfini du Futur

Pour ne vivre

Que le Défini du Présent…

LE TEMPS

Comment comprendre tout ce temps
Qui passe n'importe comment ?
Fascinant à chaque moment
Il façonne nos cœurs d'enfant
Faisant la pluie et le beau temps
Le jour, la nuit, les ouragans,
Il joue sur les paysages
Sculptés, lissés sur son passage,
Fond des couleurs tel un présage
Et parfois même des mirages
Ou dessine sur les visages
Les souvenirs en rides sages…

Pour un instant, « il était temps »
Juste d'éviter ce contretemps…
Le temps devient un confident
Sur qui l'on compte tout le temps
Ce temps compté ou décompté
Donne à chacun la liberté
De croire en cet instant présent,
Que la vie est un sentiment
Nous rendant fort comme des titans

Parfois le temps se fait lenteur
Les minutes deviennent des heures
Voyant l'instant comme une erreur,
La peur au cœur, pourtant « c'est l'heure »…

…/…

…/…

Il sait jouer à s'étirer
Comme un gros chat très fatigué !
Le luxe d'attendre l'éternité
Sans inquiétude, fait patienter….

Le temps du rêve et du bonheur
Ignore toujours le lieu et l'heure
Le regard vague et si lointain
Et l'on s'y noie vers un « demain »…
Le temps n'efface rien du temps
C'est la mémoire qui attend…

Prendre le temps de temps en temps,
Pour l'affronter dans son élan
C'est gagner sur le néant :
Il est passé, comme tout le temps !...

Comment comprendre tout ce temps
Qui s'en va silencieusement ?
Il faut regarder loin devant
Et y croire, Toujours, Tout le Temps….

Dans la notion «espace-temps»

Il y a « temps »...

Le reste du monde flotte quelque part...

Et on ne sait pas vraiment... depuis quand !...

LE GRAND AGE

Passent les années…
et les années se dessinent sur les visages en de longs voyages de sagesse…

Passent les couleurs…
ne laissant que l'argent dans les cheveux, et l'or dans le cœur…

Passent les mélodies qu'on oublie,
Restent les refrains qu'on chantonne encore parfois…

Passent les jours pour apprendre toujours, pour comprendre encore, et sourire à l'avenir…

Dans cet endroit abandonné
Un jardin flou garde caché
La belle maison de pierre
Seule depuis tant d'années…

Poussez la porte… jamais fermée…
Quelques lueurs passent à travers
Les volets de bois si usés
Et les rayons viennent balayer
La poussière de son parquet…
L'odeur du bois et de la suie
Flottent devant la cheminée,
Un brin de lavande et de buis
Restent accrochés tout près du lit…
Le rocking-chair lui aussi
Attend la prochaine veillée…

Là, si vous ouvrez les volets
Leurs grincements feront faire
Un instant le chant des grillons…
Le parfum des fleurs, de la terre
Etourdira les papillons…
Fermez les yeux, écoutez l'heure
Rythmant la vie dans sa tiédeur…

…/…

…/…

Ici chaque pierre a vécu,
Espéré, protégé, s'est tue…
Le sol a compté tous ces pas,
Les petits, les grands, les faux pas,
Mais l'histoire est toujours là,
Un souvenir qui se balancera
Encore longtemps dans la mémoire
D'un rocking-chair dans la lueur du soir…

ETE

Qui est l'été ?
Un brin de gaité
Sans nuage de lait ?
Une tresse nattée
Qui, dans le vent, se dénouait ?
Comme mes pas se hâtaient,
Dans les marches sautaient,
Et dansaient pour fêter
La saison que citaient
Les paroles démodées...
Il était indien, l'été...

Mais qui es-tu, l'été ?
Dès le printemps je te guettais
Et ton soleil hoquetait,
Quand hier frissonnait
Le givre fleurissait...
Si « Tu », est l'été
Alors tu es l'été !
Que la douceur n'ait été
Qu'un hymne à ce jour... ensoleillé !...

Le temps... sans contretemps
Tout le temps, longtemps...
Il est mémoire, Impératif présent,
La force tranquille, ... Patient...
Il construit tout,
N'efface rien.
C'est la marche du temps
Inéducable ballet de Chronos...
Dans l'air du temps
Le temps n'a pas de pas perdus,
Il erre tel Dionysos...
Ce jour, ... c'était... hier,
Tu vois, le temps attend !...

NE PAS OUVRIR…

Sur la boite en carton
Il était griffonné
En lettres noires et penchées :
« *NE PAS OUVRIR*»… Non…

Toute seule au grenier
Que pouvait-elle cacher
D'une telle importance
Qui ne fusse délivrance
A qui l'eut ouvert
Même de belle manière ?
L'instant fut délicat,
Je fis fi du défi
Et ouvris ledit- pli…

Quelle fut ma torpeur
En découvrant dedans
Ces trois mots s'inscrivant
Sur un ton affligeant !...
La stupeur laissant place
A la crainte fugace
Je jetai là mon dévolu…
Point de dépit, c'était voulu !
Je relus fort et haut
Comme il faut ces trois mots :

…/…

…/…

« *NE PAS OUVRIR* »…
Allais-je obéir
Une nouvelle fois
Et refermer déjà
Le secret dormant là ?
Point nenni, je ne te dis
Ce que je fis !
Mais ce serait mal me connaître
De penser que je puisse battre en retraite !...

… Prendre…. Le temps de Vivre…

…quel luxe ! quel art d'exister ! quel impératif indispensable !...

… quelle liberté face au temps…

L'ARC --} et → LA FLECHE

J'ai pris l'arc de bois
Et la flèche d'acier
Juste avec trois doigts
La corde s'est tendue

La cible est immobile
Le silence sensible
Je ne respire plus
Et fixe sans ciller

La flèche dans l'air filant
Tout droit pour mettre fin
A l'éphémère destin
… Oups ! J'ai tué… le temps… !

… SI…DO…RE…

Dans la brume matinale
La rosée perle sa toile,
Les bruits sont étouffés
Comme des futilités…
Voilà l'automne d'or…
Sur la mousse tiède encore
Le faon effarouché
Ecoute l'oiseau chanter ;
Amusé, l'écureuil
Dans un ballet de feuilles
Viendra le taquiner !
L'automne est si doré !
Enfin sur la bruyère
Les rayons de lumière
Viendront illuminer
Marrons et mordorées…
L'automne d'or est là
Et je reste sans voix…

Chacun sait où va le chemin parcouru...

... mais seulement le chemin parcouru...

SYMPHONIE POUR LA PLUIE

Il pleut cette nuit, plic !
Des gouttes éclaboussent, ploc !
Et elles scintillent, plic !
Comme des strass, ploc !

L'escargot s'en va, plac !
Son ruban de soie, ploc !
Mesure le bonheur, pleuc !
D'un ciel à son humeur, plic !

La grenouille danse, plac !
Et rit des chatouilles, plic !
Des gouttes en cadence, ploc !
Qui tombent et la mouillent, plouc !

L'eau dégouline, plic !
Je cours, clandestine, pleuc !
Dans les flaques d'eau, ploc !
C'est l'adagio de la pluie… pluie !…

PAS-SI-ON…

A l'aube de ta pensée
Il existe un chemin ;
Au zénith du chemin
Il existe un demain ;
A l'heure bleue de demain
Tu existes, tu es
Là tout le temps,
Tout le temps…

Entre l'histoire et le temps
Tout s'inscrit noir sur blanc.
Il suffit d'un instant,
Pour autant si tendant,
Et ton être si troublant
Vient s'inscrire, souriant,
Sur la page tournant
Au vague gré du vent...
Sur les aiguilles du temps
Se fixent les mots vivants
Les heures se figeant
Sur l'horloge rêvant...
C'est l'histoire qui t'attend...
Tu me racontes... au présent...

J'aime la magie du brouillard : les choses sont là, à leur place,
Comme des ombres chinoises immobiles...
Elles attendent que l'art
Du soleil les animes et fasse
De l'amour de la vie, un instant fort et fragile...

L'ARBRE

A travers les siècles passés
Il reste là, fièrement planté
Sur cette Terre tant convoitée…
Pour lui, tout le monde est à ses pieds…

On ignore comment
Il a poussé ici…
Un oiseau ? Un enfant ?
Qu'importe… il a bien grandi…
Aux vents, aux ouragans
Il a résisté bravement,
Malgré la neige des hivers
Au printemps, il était vert !

Il protège les oiseaux
Ecureuils et souriceaux,
Et son écorce recueille
Des lettres et des cœurs…
Sous l'ombre de ses feuilles
Doucement le bonheur
Se dessine en des fruits
Subtilement interdits…

A travers les années
Que cet arbre reste libre :
Sagesse et équilibre
Tes fruits seront sucrés…

Le Vent...

Que nous soyons son hôte

ou son otage,

il ne nous laisse jamais

insensible à son passage...

PATIENCE

La patience, c'est attendre
Sans défense, sans défaillance,
Laisser l'instant se tendre
Sans résister à l'insistance…

C'est aimer un petit futur
Plein d'espoir, sans blessure,
C'est croire à la victoire
Que l'on a dans le regard…

La patience est la force
Douce et sûre de la horse,
C'est comprendre le silence,
Les mots tus que tu penses…

Si la vie est faite de patience,
Le temps en est la présence…

Quand minuit s'évanouit dans l'ennui
C'est le point d'eutexie,
Il ne peut poindre dans la nuit
Que le parfum d'une merveilleuse nuit...

PHOEBUS

Il était une fois un très joli petit oiseau qui habitait à la cime d'un arbre géant...
Dès que le soleil se levait, il chantait :

« Roule, roule, joli cumulus
Comme une boule de coton
Je saute et fais des rebonds
Puis me cache derrière les nimbus

Pas de froid sans les petits cirrus
Et la glace des cirro-stratus
Parera l'altocumulus
L'altitude est un jeu en plus !

J'aime les cumulonimbus
Les plus blancs, les plus bouillonnants
Et j'y vole, pique en tournoyant
Je suis la plume de Zeus »...

...et la légende raconte que si vous voyez un très joli petit oiseau, faîtes un vœu, et il vous serrera dans ses plumes pour vous porter jusqu'à l'Arc en Ciel ...

LE SABLIER

Le temps ne sait apprécier
Ces quelques mots gribouillés
Raturés, gommés, inventés,
Des mots d'acier, sombres et mouillés
Aux engrenages grippés, rouillés...

Le temps ne sait pas illustrer
Les phrases roses et parfumées
Comme cette pluie caliente
Comme un baiser doux et sucré...

Le temps sait comment s'approprier
Les aiguilles d'un temps balbutié,
Je voudrais juste dévorer
Lentement la vie, sans sablier...

A attendre le temps
On manque l'essentiel...
Trop tard, après... trop tôt, avant...
A moins que le présent de soit éternel...

LES VIEUX LIVRES

Ils comprennent la vie
Et les choses lointaines,
Ils parlent de paradis
Et de choses certaines...
Les vieux livres sont là
Empreinte de nos pas.
L'odeur du papier,
Rugueux à souhait,
Se reconnaîtrait
Même les yeux fermés.
Et puis du bout des doigts
On peut sentir déjà
Le relief des mots, ancrés
Dans leur histoire...
Les vieux livres ... va savoir
Si là, entre tes mains
Viendra se réveiller
Un hier... un destin...

Vivre, c'est l'infinitif d'Aujourd'hui !

Vis !

Si hier t'a blessé, ou enlevé des morceaux de ton existence, de ton corps, de ton temps, alors…

Vis !...

…pour ce que chaque seconde de demain viendra t'offrir… encore…

REVEIL

Dans un monde chrysalide
L'ordre a disparu...
La nature est à nu...
Le flot d'un vent liquide
Glisse sur le paysage
Couvert de fleurs sauvages...
Quelques bulles de nuages
Rebondissent bien sages
Puis roulent en riant
Dans les torrents turbulents...
La lumière cristalline
Illumine, divine,
Cette vie loin des Hommes,

Et... mon réveil sonne...

La douceur la plus forte

est celle qui apaise l'âme

et la baigne de tendresse...

telle une lumière

baignant le silence

à travers le temps...

Où es-tu petit Soleil ?
Toi qui poses tes rayons
Par vaux et par monts
Sur les reflets de l'eau
De bas en haut
Les chutes et les cascades
De haut en bas
Les paysages maussades
Réveillent leur éclat

Où es-tu petit Soleil ?
Toi qui poses ta lumière
Sur le sable des plages
Et disparait tous les soirs
En allumant des messages
Aux étoiles de l'espoir…

Où es-tu petit Soleil ?
Demain à ta lueur première
Je réchaufferai ma Vie
Je courrai vers toi aussi…

ALLIER…

S'arrêter le long du fleuve, prendre le temps de regarder couler l'onde semblant huileuse comme un Cézanne, en rendant belle tout ce qui la longe…

S'allonger dans l'herbe mollement attiédie et se languir de la lenteur du temps s'écoulant à l'ombre d'un saule pleureur mélancolique…

Telle est la pesante lassitude échouée là, dans le doux méandre de l'Allier…

LE TEMPS

Le temps s'arrête, le temps se brise,
Il n'en fait qu'à sa guise…
Les jours fusent et enlisent
Les heures dans les abysses…

La roue tourne, la vie roule
Les mots s'écroulent
Et puis chamboulent…
La pluie coule…

Il est si tôt, il est si tard
Le temps est un fuyard
Mais je serre les poings
Pour qu'il ne te touche point…

Pourquoi dit-on « *perdre la Vie* » ?...

L'a-t-on gagnée un jour, à un jeu de hasard ? Est-ce une récompense ?
On peut perdre du temps (à l'inverse d'en gagner), ou bien la vue, ou de vue…Mais comment peut-on perdre la vie, alors qu'on peut la perdre réellement tout à coup, dans une durée absolue ? Elle est tellement fragile…

Et dans cette non-réponse, devant la remise en question d'un instant de l'existence, VIVONS !
Vivons tout de suite, maintenant, intensément, heureusement, simplement, comme au premier jour et à la première seconde de notre Vie… !

LA COURSE DU GUEPARD...

TROIS... pour attendre et se préparer,
Se mettre en boule, se compacter
Comme un ressort avant d'exploser,
Là, tu es concentré...

DEUX... immobile et certain
Tu déverrouilles le frein
Le corps arqué enfin
Pour devenir flèche à UN...

UN... l'instant est imminent
La respiration se suspend
Le regard au loin se fixant
Sur la cible... hypnotisant !...

TOP !... c'est l'instant du départ
Magnifique guépard
Et il y a déjà dans ton regard
La lumière de la victoire...

... JAMAIS... ?

... donc TOUJOURS...

... autant construire un horizon sur l'infini...

... Ne jamais cesser d'y croire,

jusqu'au dernier souffle,

jusqu'au jour

où je dessinerai la ligne de l'horizon

sur l'infini...

... donc JAMAIS...

Pendant des secondes et des heures
Puis des jours et des années
Pendant des pas et des plongées
Par-dessus les rivières et les dunes
Pendant des soleils et des lunes
Et tout ce temps qui n'est pas encore
Pendant ces instants qui dorment encore
Comme des saisons dans mon corps
Et cette quiétude qui m'endort
Pendant tous ces moments là
Je pense à toi…

« BONNE NUIT ! »

A cette heure tardive
L'indolence fautive
De nonchalance vous berce
Dans une suave mollesse…

LA PLUIE

Elle a mis du fond de teint
D'un ton beige doré moyen
Puis tapoté sur ses joues
Une poudre rose pétale doux...
  ... Mais il a plu...

Elle a tracé à l'eye liner
Une courbe « eye of the tiger »
Et a posé du mascara
Sur ses cils noirs en soie...
  ... Et il a plu...

Elle a dessiné au pinceau
D'un rouge brillant bordeaux
Ses lèvres de douce mutine
Closes sur sa voix divine...
  ... Il pleut...

Elle a défait rubans et nœuds
Qui enserraient tant ses cheveux
Le vent distrait y a joué
Elle a souri puis arraché
Cette douleur à son histoire...
Il est là... Il ne peut plus pleuvoir...

Dans chaque souffle de la Vie,

il y a un souffle

et une Vie...

STOP !

Stop ! On arrête de bouger
Comme un immense cliché
L'art se retrouve suspendu
Dans l'espace et le temps...
L'Univers ne bouge plus
Figé dans le présent...

Stop ! Pose ta main sur la mienne
Et ne bouge plus, non plus du tout !
Apprécie ce moment fou !
Immobile... Je suis certaine
De faire fit du défi !

Stop ! Le vent n'existe plus
Chacun est la statue
D'un monde disparu...
Le silence ininterrompu
Veille sur les pas perdus...
Stop ! Une lumière brille, ingénue
Et la vie nous sourit...

ETERNITE

… L'Eternité… Juste une image posée plus loin dans l'espace et le temps…

Qu'il est doux de goûter cette minuscule éternité là, maintenant, quelque soit l'heure ou le lieu…
… pourvue qu'elle dure éternellement…

PAIX-Y-SAGE

Le temps s'étend
De temps en temps
Par deçà les monts
En s'arcboutant,
Il fixe son gnomon,
Tel un arc géant
Pour peindre en un instant
L'arc en ciel... Attends !
Il lui manque pour surprendre
La couleur la plus tendre...
Le temps tant envoutant,
Et tout autant éclatant,
Déteint au creux de ta vie
Cette douceur infinie...

LA MAISON ABANDONNEE

A se promener là, on peut imaginer une vie, des bruits, des odeurs, et les personnes qui habitaient cet endroit… On peut deviner toute une journée, simple, heureuse, pas forcément facile, une table, où l'on partageait son pain, son eau puisée plus loin, éclairée d'une bougie lorsque le temps était sombre, et des soirées devant la cheminée… Dehors, il y avait les saisons, les rires des enfants, le labeur…

Et puis on passe son chemin, on laisse le merveilleux du passé à cet hier, comme on laisse un soupir…

Pourtant, peut-être qu'un jour quelqu'un viendra se promener là, s'arrêtera, et posera sa valise, cherchant du regard, un souvenir, un objet connu, une inscription, un trésor du passé…

Serait-ce un véritable luxe

demain

que celui de regarder la vie passer...

...sans s'arrêter ?...

LA GOUTTE

D'un nuage elle a chu
Transparente et menue,
Elle a glissé sur une feuille
Sous le regard d'un écureuil...
Elle est tombée un peu plus bas
Dans le chahut du terrent froid
Courant à travers les paysages
Montagnes... forêts sauvages...

Pourtant je l'attends patiemment
Pour saisir cet unique instant
Où elle sera dans le silence
Si libre de ce vide de l'existence.
Elle prendra son élan, gracieuse,
Du haut de la cascade rieuse,
Avant de retomber dans le bruit
De la chute qui route et s'enfuit...

J'attends cette minuscule goutte...
Mais ôte-moi de ce doute :
Rejoindra-t-elle le torrent,
Ou ce petit nuage blanc ?

Il y a des instants

que l'on aimerait garder immobiles,

immuables,

comme suspendus dans l'air,

des instants figés dans la légèreté du bonheur,

des instants plumes

volés à cet air de rien,

si aérien…

DEMAIN

Le silence infernal
Qui étouffe les mots,
C'est un clou qui se plante
Dans chacun de mes pieds
A chacun de mes pas…

Le bruit doux et fatal
Qui résonne dans l'écho
C'est ta vie bienveillante
Qui me donne la main
Et me prend les deux mains, demain…

L'AIR DU TEMPS

De temps en temps
Prends le temps
De ne rien faire, un moment
D'écouter un instant
Le temps qui s'en va, doucement
Comme un silence se reflétant
Dans le miroir lissant
Les traces d'un... longtemps...
Ferme les yeux... c'est l'air du temps...

LA CHAPELLE DES SECRETS

Sur la colline ensoleillée
Une chapelle ensommeillée
Garde en silence tous les secrets
Des âmes au fil des années

Elle connait toutes les prières
Que murmurent encore ses pierres
Tous les cantiques et les chansons
Résonnant dans son chœur si bon.
Sa lourde porte de bois sculpté
Abrite tant de confidences
Mêlées aux odeurs de l'encens
Des fleurs des champs, des fleurs d'été.

On y a même vu danser
De mille éclats dans sa blancheur
Les flammes des cierges bénis
Et les échos de leurs pensées.

Si vous passez par ici
Vous reconnaîtrez sa candeur.
Prenez la peine de vous assoir
Dans le silence de sa splendeur
Et vous verrez se dessiner
Tous les sourires de l'espoir
Dans la pâleur de ses vitraux.

                                                  …/…

…/…

Au fil des mots d'une prière
Viendront voter dans la lumière
Les petits Anges du Bonheur.
C'est la chapelle des secrets…

C'est un jour de pluie
De vent sans parapluie
Un jour où je m'ennuie
Le Lundi

C'est un jour qui le suit
Comme une ombre la nuit
Sous son aile endormie
Le Mardi

C'est le jour des enfants
Courant vers les rêves innocents
Et des marelles si jolies
Mercredi

C'est un jour qui revient
Eternel refrain
Et le train est parti
Le Jeudi

C'est un jour où l'on croit
Que c'est la fin du tournoi
Et la semaine finie
Le Vendredi

                                                          …/…

…/…

C'est un jour où la sonnerie
Perd son écho dans l'oubli,
Un réveil sans bruit
Le Samedi

C'est un jour près de toi
Un jeu hors de sa loi
C'est le jour de la revanche
Le Dimanche…

Qui a délaissé ses jouets d'enfant
A cause du regard des grands ?
Qui se rappelle des jeux
Pleins de rires joyeux ?
Qui a rangé les photos
De souvenirs si beaux ?
Qui pense en soupirant à ces jours lointains ?
Ah !... Tu souries !... Toi aussi, tu t'en souviens !...

Je meurs dans le silence
De mots tus, de souffrance,
Je trébuche et n'avance…
Mais quelle importance…

Je meurs sans me débattre
Sans la force de combattre
Mon cœur ne veut plus battre
Le feu s'éteint dans l'âtre…

Je meurs dans cet oubli
Dans ce vide où tu es parti
Si seul le temps s'enfuit
Alors redonne vie à ma vie…

…IL A…

Il a deux ans, il a vingt ans
Il est fragile et insolent
Il dit « vous » à ceux qui l'enchaînent,
Et « tu » à celle qu'il aime
Il est moqueur, il est rieur,
C'est le bourreau de son bonheur
Il aime la vie, le jour, la nuit,
Les animaux sauvages
Et ceux tombés du nid.
Il tourne les pages
Comme le vent dans le feuillage
Et ses idées voyagent…
Il est sincère, il est charmant
Son cœur d'enfant
C'est un diamant…
Il parle aux fleurs et aux oiseaux
Et là-haut, c'est son château…
Parfois son cœur, quand il est gros
Pleure des larmes comme un ruisseau…
Il a … ans, et puis le temps
Passe près de lui, bien sagement
C'est une plume dans le vent
Un acrobate à travers le temps…

PAS… SI… ON…

A l'aube de ta pensée
Il existe un chemin…
Au zénith du chemin
Il existe un demain…
A l'heure bleue de demain
Tu existes, tu es
Là tout le temps
Tout le temps…

Quelle heure est-il ?
Quelle heure est-elle ?
Nous sommes le temps
Invraisemblablement…

Quel temps fait-il ?
Quel temps fait-elle ?
Le temps qu'il faut
Lui fait défaut
Des vrais, des faux,
Des faits défaits…

Souffle sur cette page !…
Mon temps est en cage…
Envole-le dans ton cœur
Comme l'éternel instant du bonheur….

… UN INSTANT AU VENT VAGABOND…

… De seconde en année
Il murmure dans nos vies
Sagesse ou vérité
Demain naît d'aujourd'hui…

L'INCONNUE

Elle s'en allait dans le grand froid
Les pieds nus… et ses pas
Dans la neige poudreuse
L'emportaient, silencieuse…
Ses mains serraient contre son cœur
Un souvenir, porte-bonheur…
Et elle tremblait, toute fragile
Silhouette si gracile
Au gré du temps, au gré du vent
Qui la mordaient à belles dents.
Les arbres noirs la regardaient
Immobiles, ils murmuraient
La complainte de l'hiver
Jusqu'au fond de ses yeux verts…
Personne ne l'arrêtait,
Ni même lui parlait…
Elle s'en allait par un chemin
Inconnu des devins
Laissant sur son passage
Le souvenir si sage
D'un ange qui, déchu,
En l'espoir ne croit plus.
Elle s'en allait vers le lointain
Toujours un peu plus loin…
Et au petit matin,
On ne la revit point…

Il est heureux de se perdre dans un voyage…

On découvre ainsi l'autre partie du paysage, celle que nous n'aurions vu à un simple passage…

… ainsi la promenade devient bien plus belle, voire éternelle…

LA CREATION

L'eau…
Si douce et intrépide,
Indomptable fluide
Immensément bleu,
Elle est la vie des cieux…

Les arbres…
Baobabs ou bonzaïs,
Les jungles se font murailles,
C'est le paradis vert
De ces parfums dans l'air…

La montagne…
Une escalade, un défi,
Elle nous rend si humbles, et petits,
Sa forme majestueuse
Nous grise, vertigineuse…

Les déserts…
Ce sable immobile
Et sans cesse en mouvement
Géant ou minuscule
Si vide et si vivant…

…/…

…/…

C'est la Terre
Parce que Tout ne fait qu'Un !...
Gravissons ses abrupts
Elle nous donne un arbre ;
Même le vent le sculpte
Et le dore de son sable...
Sous ses reflets bleus, verts, la Terre enfin...

… pour Monique…

Laissez-moi vous parler d'elle
En quelques lignes, en quelques mots
Elle est un vol d'hirondelle
Dont le message se lit… là-Haut…

Elle tire des lignes sur du papier
En lieu et heure elles sont croisées
Et de ce cercle ainsi parfait,
Elle en révèle la vérité.
Elle connaît toutes les planètes
Qui dansent au-dessus de nos têtes
Exquise Lune ronde et pâle,
Illuminée de ses étoiles,
Donne de l'Eau de tes rayons
De sa force tu es le maillon.

Elle a le cœur plein de soleil
Qui explose en milles sourires
Et si la vie est le Cadeau
De celui qui l'a fait Là-Haut,
Elle croit en sa petite croix
Qui lui pèse lourd quelques fois.
Elle aime la petite flamme
Qui se reflète dans cristal
Et l'encens qui blanchit les âmes
Comme une source devient vitale…
C'est tout un être, un Univers cosmique,
En un seul mot, c'est… Monique !

Il y a plus de jouets

dans nos souvenirs que dans notre grenier...

On se rappelle de leur forme, de leurs couleurs, des

jeux que l'on avait inventés,

et dont on ne se lassait pas...

TOI, SOLEIL...

Tu marches devant moi...
Retourne-toi...
L'empreinte de tes pas
Est le chemin de mon émoi

Je marche à tes côtés
Doucement les doigts enlacés
Mais cessons de nous regarder
La chute est assurée !

Je marche devant toi
Plus vite, je cours, attrape-moi !
Enfin je te serre dans mes bras
Toi, Soleil, tu m'éblouis... Tu es là...

… Retourne le sablier, et regarde s'écouler le temps… en douceur, en silence… ainsi va le temps…

… Ainsi tu peux relire ce recueil en commençant par cette page et finissant par la première…